E a boo tain te bikiniki

Te korokaraki iroun Ruiti Tumoa
Te korotaamnei iroun Giward Musa

Library For All Ltd.

E boutokaaki karaoan te boki aio i aan ana reitaki ae tamaaroa te Tautaeka ni Kiribati ma te Tautaeka n Aotiteeria rinanon te Bootaki n Reirei. E boboto te reitaki aio i aon katamaaroaan te reirei ibukiia ataein Kiribati ni kabane.

E boreetiaki te boki aio iroun te Library for All rinanon ana mwane ni buoka te Tautaeka n Aotiteeria.

Te Library for All bon te rabwata ae aki karekemwane mai Aotiteeria ao e boboto ana mwakuri i aon kataabangakan te ataibwai bwa e na kona n reke irouia aomata ni kabane. Noora libraryforall.org

E a boo tain te bikiniki

E moan boreetiaki 2022
E moan boreetiaki te katootoo aio n 2022

E boreetiaki iroun Library For All Ltd
Meeri: info@libraryforall.org
URL: libraryforall.org

Te korotaamnei iroun Giward Musa

Atuun te boki E a boo tain te bikiniki
Aran te tia korokaraki Tumoa, Ruiti
ISBN: 978-1-922895-79-0
SKU02353

E a boo tain te bikiniki

N te bong teuana ao a iangoa aia bikiniki kaain ara utuu.

Kaain ara bikiniki boni ngai, tamau, tinau, ai tamau, ai tinau, ai mwaaneu, tibuu te unimwaane ao tibuu te unaine.

Kanara bon te tiaeniwiti
ni iika ao e rereaki nimara
ma ranin te aoranti.

Ti kaati.

Ti tiaangkeeboi.

Ti ruutoo.

Ti karaokee.

"E nang boo moa tain te
mooi ii!" e taku tinau.

E a boo te mooi ii ao
ngai ma ai mwaaneu,
ti nako n takaakaro
i aon te bike.

I karaoa au booti man
tanon te bike.

E katea ana baereti
ai mwaaneu man
te bikebike.

"Tain te rawetaamnei!"
e takaarua ai tinau.

"Ti a bane n nako n
rawetaamnei i rarikin
ana booti Auaa ao ana
baereti Aekii!" e takaarua
ai tamau.

"Kiriki! Kiriki!"

E reke taamneira ngke ti
bane ni wiingare.

E bon rangi ni kaunga ao
ni kakukurei te bikiniki!

Ko kona ni kaboonganai titiraki aikai ni maroorooakina te boki aio ma am utuu, raoraom ao taan reirei.

Teraa ae ko reiakinna man te boki aio?

Kabwarabwaraa te boki aio.
E kaakamanga? E kakamaaku?
E kaunga? E kakaongoraa?

Teraa am namakin i mwiin warekan te boki aio?

Teraa maamaten nanom man te boki aei?

Karina ara burokuraem ni wareware
getlibraryforall.org

Rongorongon te tia korokaraki

E bungiaki Ruiti Tumoa i Tarawa ao e maamaeka ni kaawana ae Bikenibeu. E taatangirii aia boki ni karaki ataei. Ngke e uareereke, ao e rangi n taatangira te boki ni karaki ae atuuna 'The Little Mermaid'. E taatangiria ni kabanea ana tai ma ana utuu, ni kamaangngang ao n tebotebo i taari. E maamate naba nanona n te kuuka.

Ko kukurei n te boki aei?

Iai ara karaki aika a tia ni baarongaaki aika a kona n rineaki.

Ti mwakuri n ikarekebai ma taan korokaraki, taan kareirei, taan rabakau n te katei, te tautaeka ao ai rabwata aika aki irekereke ma te tautaeka n uarokoa kakukurein te wareware nakoia ataei n taabo ni kabane.

Ko ataia?

E rikirake ara ibuobuoki n te aonnaaba n itera aikai man irakin ana kouru te United Nations ibukin te Sustainable Development.

libraryforall.org

www.ingramcontent.com/pod-product-compliance
Lightning Source LLC
Chambersburg PA
CBHW040317050426
42452CB00018B/2889